SOUVENIR DE FAMILLE

NOTICE

HISTORIQUE & GÉNÉALOGIQUE

SUR LA

FAMILLE DE MASSILIAN

PAR

Lionel d'ALBIOUSSE

JUGE AU TRIBUNAL CIVIL D'UZÈS

ASSOCIÉ CORRESPONDANT DE L'ACADÉMIE DU GARD

UZÈS

IMPRIMERIE H. MALIGE

—

M DCCC LXXVII

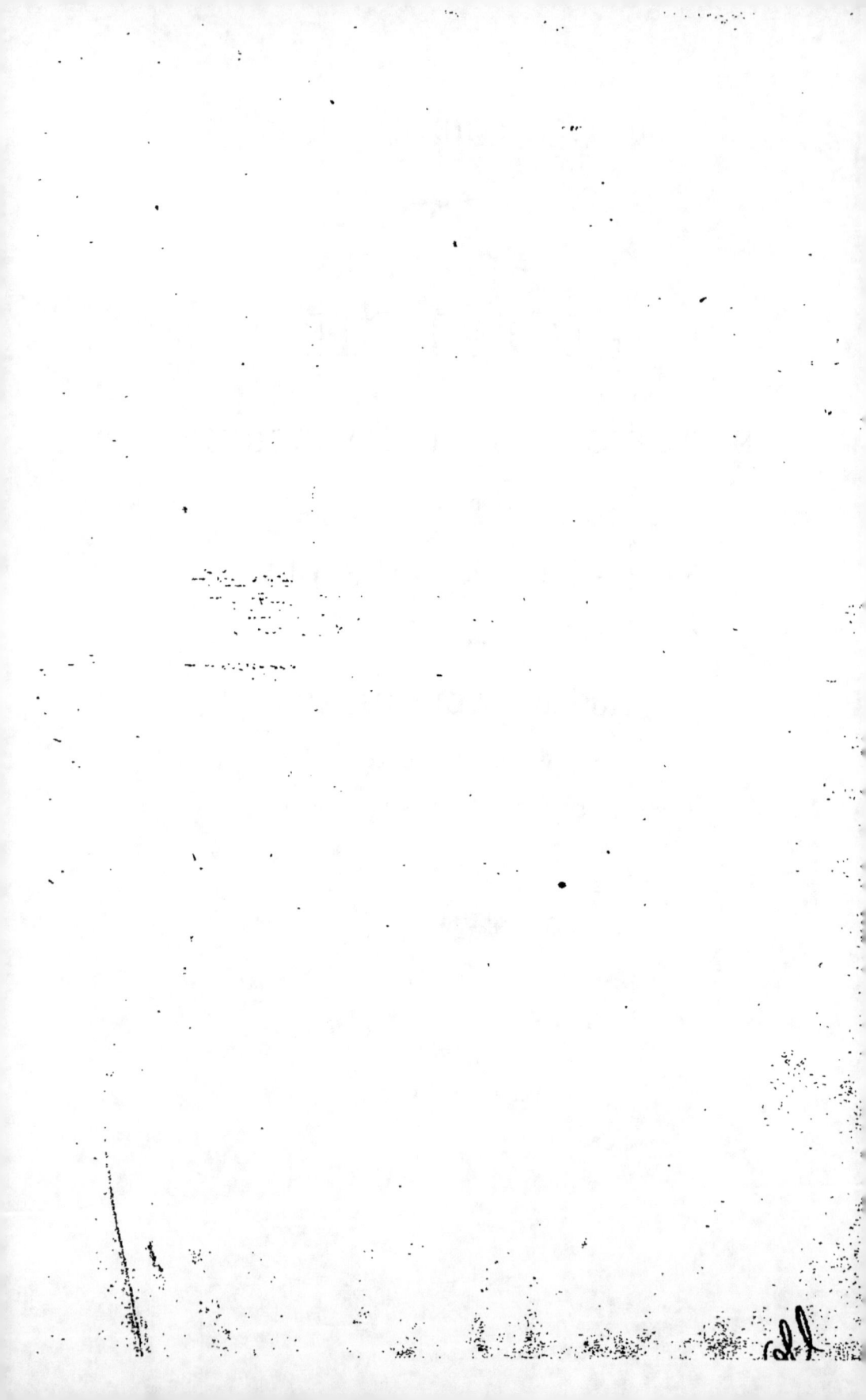

SOUVENIR DE FAMILLE

NOTICE

HISTORIQUE ET GÉNÉALOGIQUE

SUR LA

FAMILLE DE MASSILIAN

Noblesse oblige.

La famille de MASSILIAN, qu'on croit originaire de l'Aragon, vint se fixer à Avignon vers le commencement du seizième siècle.

A cette époque et jusqu'en 1568, date de la réformation de ses statuts, la ville d'Avignon comprenait trois *mains* ou *classes* d'habitants, les ORIGINAIRES, les ULTRAMONTAINS ou Italiens et les CITRAMONTAINS ou Espagnols et autres étrangers qui venaient se fixer dans la ville. Chaque main nommait un consul qui devait appartenir à la noblesse, et ces trois consuls formaient le corps politique de la cité (1).

Le premier des Massilian qui vint s'établir à Avignon fut élu deux fois consul pour la classe des Citramontains en 1549 et 1554 (2).

---

(1) Voir Pitoncourt. *Histoire de la Noblesse du Comtat Venaissin*, tom. III, p. 222.
(2) *Fasti Consulares*, anno 1549, 1554.

Il eut douze enfants. Quelques-uns de ses fils sont nommés par Louis de Perussis dans son *Histoire des Guerres de la Comté-Venaissin* et dans les notes sur le même ouvrage (1).

L'historien du Monastère des frères Prêcheurs d'Avignon parle de la chapelle de Saint-Nicolas, appartenant à la très noble famille de Massilian, *nobilissimæ familiæ de Massilian*, qui renfermait leur tombeau (2).

Cette famille fut maintenue dans son ancienne noblesse par jugement de M. de Bernage, commissaire du roi pour la recherche des faux nobles, le 25 juin 1718 (A).

Ainsi qu'on le verra plus bas, la famille de Massilian a formé plusieurs branches : 1° la branche aînée, établie à Avignon; 2° celle des seigneurs de Beauchamp, établie dans la même ville, et 3° celle des seigneurs de Massureau et de Sanilhac, fixée, dès l'année 1570, à Montpellier, la seule qui subsiste encore aujourd'hui.

1° La branche aînée s'éteignit à Avignon vers la fin du siècle dernier en la personne d'Henri de Massilian, seigneur de Saint-Véran et de la Reinarde. Dans cette branche s'était déjà éteinte la Maison de Brancas des coseigneurs d'Oise et de Villosc, par le mariage d'Yolande de Brancas avec Henri de Massilian, le 16 octobre 1621 (3). C'est depuis lors que

(1) *Discours des Guerres de la Comté Venaissin*, par Louis de Perussis, édition in-4°, tom. I, p. 6, et tom. III, p. 206.

(2) *Predicatoriun Avenieuse*, par le père Mahuet, in-12.

(3) Voir, pour la filiation de cette branche des Brancas, l'*Histoire de Provence*, par Nostradamus, in-folio, p. 441, et le *Dictionnaire des Gaules*, de M. l'abbé Espilli, article cerexte.

les Massilian d'Avignon portaient leurs armoiries écartelées avec celles des Brancas et qu'ils habitaient le palais dit de la Motte, ayant appartenu au cardinal Nicolas de Brancas, dont une partie fut acquise par la ville pour y placer le collége des jésuites (1) ;

2° La branche des seigneurs de Beauchamp, établie aussi à Avignon, tomba en quenouille par la mort de Pierre de Massilian, premier consul de la ville d'Avignon en 1742, qui ne laissa qu'une fille, Marie-Gabrielle de Massilian, dame de Beauchamp, mariée au marquis de Méjanes et morte sans postérité à son château de Beauchamp le 19 août 1827 ;

3° Enfin la branche des seigneurs de Massureau et de Sanilhac, établie en 1570 à Montpellier, où elle réside encore aujourd'hui. Mais, soit à Avignon, soit à Montpellier, cette famille s'est toujours souvenue de ce mot magique : *Noblesse oblige.*

On a dit avec raison que la société ne courait aucun danger lorsqu'on voyait dans son sein le prêtre, le magistrat, le soldat. C'est aussi dans le clergé, la magistrature et l'armée que la famille de Massilian a rendu le plus de services. Elle compte plusieurs prêtres, des capitaines, un colonel de cavalerie, des lieutenants et capitaines de vaisseau, des conseillers aux cours souveraines du Languedoc, et, naguère encore, un conseiller à la Cour impériale de Montpellier, de nombreux chevaliers de St-Louis et de la Légion d'honneur.

Lorsque des troubles éclatèrent à Avignon, le 5 novembre 1655, à l'occasion de la querelle entre les *Pévoulins* et les *Pességaux,* ce fut Henri de Massilian,

(2) Voir *Histoire de l'Eglise, des Evêques et Archevêques d'Avignon,* p. 210.

le mari d'Yolande de Brancas, qui contribua le plus par son énergie à calmer l'émeute (1).

Plus tard, un autre Massilian assistait au combat de *la Ciotat*, le 22 février 1744, en qualité d'aide-major de l'armée navale; puis retiré du service avec pension de Sa Majesté, le 27 juillet 1758, il embrassa l'état ecclésiastique et devint prévot coadjuteur de l'église de St-Didier d'Avignon.

Pendant les troubles des Camisards dans les Cevennes, ce fut un missionnaire qui contribua le plus par son zèle, sa douceur et son humanité, à rétablir la paix dans le pays. Ce missionnaire était Jean-Joseph de Massilian.

Vers la fin du siècle dernier, la croix de Chevalier de l'Ordre royal et militaire de St-Louis était accordée à Etienne de Massilian, capitaine de vaisseau, en récompense de quatorze campagnes, de ses blessures et de sa bonne conduite au combat de la Grenade sur le vaisseau *le Fantasque*, commandé par le bailli de Suffren.

D'autres membres de la famille se distinguèrent dans d'autres carrières. L'un devint conseiller du roi, président, trésorier de France au bureau des Finances de la généralité de Montpellier; un autre, appelé Gilbert de Massilian, fut juge-mage, président au présidial de Montpellier et maire de la même ville (B). C'est en reconnaissance des services qu'il avait rendus durant son administration que l'on donna à la rue qui va de la Préfecture à la rue

(1) Voir *Relation des derniers troubles excités dans la ville d'Avignon en 1655*, in-4°.

Barralerie, le nom de Massilian qu'elle porte encore (1).

Aujourd'hui, cette famille, jadis si nombreuse, n'est plus représentée dans la ligne masculine que par l'abbé de Massilian, chanoine honoraire; consacrant sa vie aux bonnes œuvres, et par ses deux neveux, Gilbert de Massilian, avocat près la Cour d'appel, qui se destine à la magistrature, et Auguste de Massilian, sous-lieutenant auxiliaire au 122ᵉ de ligne, tous les trois domiciliés à Montpellier, où ils continuent avec honneur les traditions de leur famille.

La maison de Massilian compte de nombreuses alliances principalement dans l'ancienne noblesse et la magistrature. Ainsi elle est alliée à Avignon aux comtes de Salvador, de Zanobis, de Beaumont, marquis de Justamond, de Montdevergue, de Brancas, de Verdelin, etc.; à Montpellier, aux marquis de Montcalm, Castan, Duffours, de Verot, de Broussonnet, de Cambacerès, etc.; ailleurs, aux marquis de Méjanes (d'Arles), aux Pelissier de Boirargues, dont la maison a donné deux évêques à l'Eglise de Maguelonne, de Lamonie de Limeyrie, de Mornas, d'Agoult, de Bermond (d'Aix en Provence), de Beausset, de Rochefort, marquis d'Ecquevilly (de Paris), de Dalmas, etc.

---

(1) Voir *Guide de Montpellier* ou *Contrôle manuel de distribution de la ville de Montpellier en sixains, isles, rues, etc.*, par Flandio de la Combe, à Montpellier. J.-F. Picot, 1788, p. 24. (La rue de Massilian fesait partie du sixain de St-Firmin). — Voir encore *Indicateur des rues et places de la ville de Montpellier*. J.-A. Dumas, 1853, p. 28. (La rue de Massilian commence place de la Préfecture et finit rue Barralerie, vis-à-vis l'impasse Lucquet).

Ses armes sont : de gueules à l'aigle essorante d'argent, au chef d'azur chargé de deux mollettes d'éperon d'or. — La couronne de marquis et deux aigles pour support.

Voici la généalogie de cette famille, dressée d'après des documents authentiques :

I.

Antoine de MASSILIAN, le premier qui, de l'Aragon, vint s'établir à Avignon, où il fut nommé deux fois consul en 1544 et 1554, est qualifié de *noble* dans plusieurs actes d'acquisition des 10 juin 1550 et 14 décembre 1555, ainsi que dans son testament écrit en latin, reçu Mᵉ Aubert, notaire à Avignon, le 19 novembre 1555.

Il épousa en 1529 Jacquinette Polini, fille de François Polini et d'Argentine de Bus, dont il eut douze enfants vivants en même temps. Il mourut en 1568 à Avignon.

Ses enfants furent :

1. Jean, nommé par Louis de Perussis dans l'*Histoire des Guerres de la Comté Venaissin en 1568* (1);
2. Melchior, nommé avec son frère par le même historien (1);
3. Henri, qui suit ;
4. Paul-Antoine, tige des seigneurs de Massureau et de Sanilhac, près d'Uzès, demeurant à Montpellier ;

(1) *Discours des Guerres de la Comté Venaissin.* Pièces fugitives, tom. I, p. 6 et tom. III, p. 205.

5. Anne, mariée à François de Gros, docteur en droit ;

6. Jeanne, mariée à Pierre de Belli, fils de Jacques de Belli et d'Anne de Verdelin ;

7. Perrette, mariée en 1565 à Pierre de Bermond, conseiller au Parlement de Provence. De ce mariage naquirent plusieurs enfants illustres par leur piété, et entr'autres Pierre de Bermond et Françoise de Bermond, celle-ci fondatrice de l'ordre des Ursulines en France (1) ;

8. Clémence, mariée à François de Féris, docteur en médecine ;

9. Jullien, chanoine et premier pénitentier de l'église métropolitaine d'Avignon, fit bâtir l'hermitage sur la roche des Doms, près la Métropole. Il assista, le 9 janvier 1598, à la dédicace de l'autel du B. Pierre de Luxembourg dans l'église des pères Capucins, faite par François Bordiny, évêque de Cavaillon et vice-légat d'Avignon. Il fit son testament le 25 novembre 1587 et mourut le 20 décembre 1600 ;

10. François, épousa le 6 mai 1580, par acte reçu Me Serpillon, notaire à Avignon, Suzanne de Renis, fille de Bernard de Renis et de Marguerite Tonduti. Il eut de ce mariage Marie de Massilian, mariée à Henri de Suarès, fils de Joseph de Suarès et de Jeanne de Lopez ;

11. Joseph, mort en bas âge ;

12. Anne, dite la Jeune, mariée à Marc de Renis.

---

(1) *Histoire des Ordres religieux*, par le père Heliot. *Les Chroniques des Ursulines*, *La Vie du père Romillon. Histoire généalogique de la Maison de Bremond d'Anduze.* par le Laboureur.

II.

HENRI DE MASSILIAN, premier de nom, troisième fils d'Antoine, seigneur de St-Véran, épousa, par acte en date du 5 décembre 1595, reçu M⁰ Moiroux, notaire à Avignon, Magdeleine de Bordin, fille de Jérome de Bordin (1) et de Françoise de Bus, sa parente. Il en obtint la dispense du cardinal Octavien Aquaviva, légat du Pape, en date du 3 décembre 1595.

Il fit son testament le 7 avril 1619, par acte reçu M⁰ Richard, notaire à Avignon, et mourut le 26 septembre de la même année.

Ses enfants furent :

1. HENRI, qui suit ;
2. CLÉMENCE DE MASSILIAN, mariée le 20 janvier 1614 à noble Jean de Siffredi Mornas, docteur en droit. De ce mariage naquirent Charles de Mornas, lieutenant-général des armées du roy, gouverneur de la ville d'Agousta, en Sicile; Claude, gouverneur de la citadelle de Strasbourg, commandant la compagnie des cadets gentilshommes; Joseph, gouverneur du fort de Blin-sur-Salins, et Henri, dont le fils est mort lieutenant général des armées du roy d'Espagne;
3. FRANÇOISE, mariée à Louis de Beaumont, coseigneur de la Garde-Paréal.

---

(1) En 1598, Jean-François de Bordin fut nommé archevêque d'Avignon. Voir *Histoire de l'Eglise, des Evêques et Archevêques d'Avignon*, p. 216.

III.

HENRI II DE MASSILIAN fut seigneur d'Hauteville et de Beauchamp au diocèse d'Orange (1), de
Saint-Véran et de la Reinarde.

Il épousa en premières noces, par contrat du
16 octobre 1621, Me Richard, notaire à Avignon,
Yolande de Brancas, fille aînée de Simon de Brancas,
co-seigneur d'Oise et de Villosc et de Gratie de
Nourrit. Gabrielle de Brancas, sa sœur cadette,
épousa Joachim de Simiane, baron de Chateauneuf
et de la Coste, dont la fille unique fut mariée à
Dominique de Bertons-Crillon, maréchal des camps
et armées du roy, commandant en Guienne;

Et en secondes noces, par contrat du 3 août 1633,
Appari, notaire à Avignon, Madelaine de Bresset,
fille d'Antoine de Bresset et de Madelaine de Robin,
seigneur de Graveson.

Henri de Massilian prêta hommage à Robert de
la Mark, duc de Bouillon, baron de Sérignan, pour
les fiefs d'Hauteville et de Beauchamp, le 9 août 1650.

Il fut un de ceux qui contribuèrent le plus à calmer l'émeute excitée par le peuple d'Avignon le
5 novembre 1651, pendant les troubles des *Pévoulins*
et des *Pességaux* (2).

---

(1) Le domaine de Beauchamp dépendait de la baronnie de Sérignan, appartenant à Diane
de Poitiers, duchesse de Valentinois. Il fut érigé en fief en 1605 sous le nom de Beauchamp, avec juridiction moyenne et basse et droit de construire tours et tourelles. Le
18 juin 1631 hommage de ce fief fut prêté par Henri de Massilian à messire Robert de
la Mark, duc de Bouillon, baron de Sérignan. (Voir pièces du procès jugé par le tribunal d'Orange en 1810, entre Mme veuve de Massilian, née de Méjanes, et la com-
mune d'Uchaux.

(2) Voir la *Relation des derniers troubles d'Avignon en 1655*, in-4°.

Il fit son testament le 15 mars 1681 devant M. de Rotta, notaire à Avignon.

Enfants du premier lit :

1. SIMON, qui suit ;
2. CLÉMENCE, religieuse de Sainte-Ursule à Bollène, où sa mémoire est en vénération.

Enfants du deuxième lit :

1. FRANÇOIS, tige des seigneurs de Beauchamp ;
2. THÉRÈSE, morte en bas âge ;
3. ELISABETH, mariée le 21 janvier 1866, par contrat reçu Me de Rotta, notaire à Avignon, à noble Paul de Salvador, fils de Jean-François de Salvador, auditeur de la Rote, et de Catherine de Ruffi. De ce mariage naquit Françoise de Salvador, mariée en 1690 à Ignace d'Amat, seigneur de Graveson, dont la fille unique a épousé N. de Forbin, marquis de Sainte-Croix.

IV.

SIMON DE MASSILIAN, seigneur de St-Véran, fils d'Henri II et d'Yolande de Brancas, fut capitaine d'une compagnie de cent hommes de pied au régiment de Ferrières par commission du 8 septembre 1644, avec laquelle il servit dans l'armée de Catalogne.

Il passa, le 16 avril 1650 et 2 mai 1652, deux transactions avec Gabrielle de Brancas, sa tante, épouse de Joachim de Simiane, baron de Châteauneuf, sur les biens de Gratie de Nourrit, son aïeule.

Il fut institué héritier universel par Charles Pompée de Brancas, son oncle, mort à Thionville, où il était avec son régiment, le 30 août 1652, par acte reçu Jean Fricher et Michel Seino, notaires. C'était le dernier mâle de la branche des co-seigneurs d'Oise et de Villosc, issue de Buffile de Brancas, maréchal de la Sainte-Église romaine sous le pape Clément VII, en 1390, et dont un des fils, Jean de Brancas, grand écuyer du roi Réné, fut marié en 1419 à Clémence d'Agoult (1).

Simon de Massilian servit avec distinction pour calmer l'émeute excitée dans Avignon le 5 novembre 1655 (2).

Il épousa, par contrat reçu Mᵉ Vany, notaire à Avignon, le 7 décembre 1653, Marguerite de Camet, fille de François de Camet et de Marguerite d'Escuyer.

Il fit son testament le 4 mai 1666, Mᵉ Gage, notaire à Avignon, et mourut la même année avant son père.

Ses enfants furent :

1. HENRI, qui suit;
2. ANNE, religieuse au couvent de Notre-Dame;
3. YOLANDE,   idem.

V.

HENRI III DE MASSILIAN, troisième de nom, seigneur de St-Véran et de la Reinarde, né le 9 sep-

---

(1) Voir la filiation de cette branche par Nostradamus, p. 441, et le *Dictionnaire de la France*, par l'abbé Espilli.

(2) Voir *Relation des derniers troubles excités dans Avignon* (1655), in-4°.

tembre 1661, fils de Simon et de Marguerite de Camet, fut viguier de la ville d'Avignon pour N. S. P. le Pape l'an 1700, premier consul de la même ville en 1706 et une seconde fois en 1724 (1).

Il épousa, par contrat du 17 janvier 1682, reçu Mᵉ Maselli, notaire, Thérèse de Fache, fille de François de Fache, docteur en droit, comte Palatin, registrateur des bulles de la légation d'Avignon, ci-devant primicier de l'Université de cette ville en 1666, et de Jeanne de Zanobis. Ses deux nièces, les dernières de cette famille, ont été mariées l'une à Jean Renaud de Forbin, marquis de Sainte-Croix, et la seconde à André-Joseph de Brancas, comte de Rochefort.

Il fit son testament olographe le 6 octobre 1721 et mourut le 28 mai 1731.

Ses enfants furent :

1. FRANÇOIS-JOSEPH-EDOUARD, qui suit ;
2. IGNACE-TIBURCE, chanoine de la métropole d'Avignon, prieur de St-Marcel, à Sérignan, diocèse d'Orange ;
3. LOUIS-JOSEPH, prévot de l'abbaye de St-Pierre-de-Jaussels, diocèse de Béziers ;
4. PIERRE-JOSEPH, lieutenant des vaisseaux du roi, chevalier de l'ordre de St-Louis, capitaine d'une compagnie franche de la marine au département de Toulon ;
5. JEAN-BAPTISTE, religieux de l'ordre de St-Dominique ;
6. MARGUERITE, religieuse au monastère de St-Laurent ;

(1) Voir à Avignon, Registres des Conseils, fol. 124 et 126 du Registre de 1706, et fol. 18 et 20 du Registre de 1724.

7. JEANNE-DAUPHINE, abbesse triennale de Ste-Claire;
8. MADELAINE, religieuse;
9. GABRIELLE, *Idem.*

VI.

FRANÇOIS-JOSEPH-EDOUARD DE MASSILIAN, seigneur de St-Véran et de la Reinarde, fils d'Henri III et de Thérèse de Vache, fut lieutenant au régiment d'infanterie du Castellet, par lettre du mois de février 1705, et capitaine au même régiment par commission du 25 août 1706.

Il fut viguier de la ville d'Avignon pour le S. Père, aux années 1729 et 1747, et premier consul de la même ville en 1746 (1); il épousa, par contrat du 29 janvier 1720 (Desmarès et Maselli, notaires) Jeanne-Marie Bardet, fille de Jean Bardet, comte Palatin, et de Claudine Viannot.

Il fit son testament le 3 mai 1755 et mourut le 16 octobre de la même année.

Ses enfants furent :

1. HENRI-JOSEPH-LÉON, qui suit;
2. JEAN-BAPTISTE-PIERRE-CÉLESTIN DE ST-VÉRAN, chanoine de la Métropole d'Avignon;
3. IGNACE-FRANÇOIS DE SALES, religieux de l'ordre des Chartreux;
4. JOSEPH-VICTOR BRUNO, prévôt de l'église collégiale de St-Didier d'Avignon;
5. MARIE-THÉRÈSE, religieuse à l'abbaye de St-Laurent;
6. MARIE-CHRÉTIENNE, religieuse au monastère du Verbe-Incarné.

(1) Voir à Avignon, Registre des Conseils de 1746, fol. 190-192.

VII.

HENRI-JOSEPH-LÉON DE MASSILIAN, né le 11
avril 1721, seigneur de St-Véran et de la Reinarde,
fils de François-Joseph-Edouard et de Jeanne-Marie
Bardet, garde de la marine au département de
Toulon le 15 septembre 1738, garde du pavillon
amiral l'année suivante, second aide-major de l'armée navale au combat de la Ciotat le 22 février 1744,
enseigne des vaisseaux du roi le 1er janvier 1746,
sous aide-major de la marine lors de l'institution
de ces places, le 1er septembre 1752, lieutenant de
vaisseau le 13 février 1756, chevalier de l'Ordre de
St-Louis le 28 mai 1757, retiré du service avec pension de sa Majesté le 25 juillet 1758 (1).

Il embrassa l'état ecclésiastique au mois de mars
1776, fut ordonné prêtre le 24 mai de l'année suivante, licencié en droit civil et canonique, prévôt
coadjuteur de l'église insigne collégiale et paroissiale
de St-Didier d'Avignon, nommé par le roy au prieuré
commandataire de St-Pierre-de-Sens au diocèse de
Gap le 9 mai 1779 (2).

En lui s'éteignit la branche aînée d'Avignon.

(1) Voir les *Mémoires de M. de Lage de Celly*, in-12.

(2) C'est lui qui a fait et donné à la bibliothèque d'Avignon ce manuscrit en
41 volumes ayant pour titre : *Recueil de documents et de notes sur Avignon, le
Comtat et la principauté d'Orange.*

BRANCHE

Seigneurs de Beauchamp, à Avignon

—

IV.

FRANÇOIS DE MASSILIAN, chevalier, seigneur de Beauchamp, était fils d'Henri II du nom et de Madelaine de Bresset, sa seconde femme. Il épousa, par contrat du 5 avril 1687, par acte reçu Mᵉ de Rotta, notaire à Avignon, Jeanne d'Honorati, fille de Jean-François d'Honorati, seigneur de Jonquerettes, auditeur de la rote, ci-devant primicier de l'Université d'Avignon, et d'Isabeau de Dalmas.

Il fit son testament le 13 août 1729, par acte reçu Mᵉ Bernard, notaire à Avignon.

Ses enfants furent :

1. PIERRE, qui suit;

2. HENRI DE MASSILIAN, dit l'Abbé de la Marque;

3. THÉRÈSE, mariée, par contrat du 9 mars 1724, Mᵉˢ Vinay et Martin, notaires à Avignon, à Joseph-Siffren-Ignace de Vérot, fils de Jacques de Vérot et de dame Anne de Florans.

V.

PIERRE DE MASSILIAN, chevalier, seigneur de Beauchamp, gentilhomme ordinaire de la chambre du roi, fils de François et de Jeanne d'Honoraty, fut premier consul de la ville d'Avignon en 1742 et viguier de la même ville pour le pape en 1744.

Il épousa, par contrat du 24 juin 1736, Marguerite de Justamond, fille unique et héritière du marquis Jean de Justamond.

Il mourut le 9 juin 1748 dans son château de Beauchamp, et fut enseveli dans la chapelle qu'il y avait fait bâtir et où on lit son épitaphe.

Ses enfants furent :

1. MARIE-FÉLICITÉ, morte en bas âge ;
2. MARIE-GABRIELLE, qui suit.

VI.

MARIE-GABRIELLE DE MASSILIAN, dame de Beauchamp, née le 8 août 1740, a épousé, par contrat du 24 janvier 1759, Jean-Baptiste-Marie de Piquet, marquis de Méjanes, seigneur du Baron et de Saint-Vincent, demeurant à Arles, fils de Pierre de Piquet, marquis de Méjanes, et de Jeanne de Bergue.

Elle est décédée sans postérité à son château de Beauchamp, le 19 août 1827, ayant laissé un testament olographe déposé chez Mᵉ Durand, notaire à Orange.

BRANCHE

Seigneurs de Massureau et de Sanilhac (près Uzès)

Etablie à Montpellier.

—

II.

Paul-Antoine de MASSILIAN était fils d'Antoine de Massilian Iᵉʳ et de Jacquinette Polini. Il vint s'établir en Languedoc vers 1570.

Conseiller au Présidial de Montpellier par provisions datées de Chatelleraud, le 29 juin 1577 (1); il épousa, par contrat reçu Jean Chargier, notaire, le 15 décembre 1578, Dauphine de Guichard, fille de Pierre de Guichard et de Françoise Guilhard. Louise et Marie de Guichard, ses sœurs, furent mariées, la première à Laurent de Joubert, et la seconde à Jean de Bocaud.

Il fut premier consul de la ville de Montpellier, l'an 1591 (2), et y fit son testament le 14 janvier 1597, Desson, notaire à Montpellier.

Ses enfants furent:

1. François, qui suit;
2. Marie, épouse de Pierre de Broussonnet, seigneur du Pouget et de Vérargues.

(1) Voir d'Aigrefeuille. *Histoire de la ville de Montpellier*, tom. I, p. 631.

(2) *Idem*., tom. I. p. 584. Délibérations du Conseil de ville, 1574 à 1606, cahier nᵉ 66, année 1591.

3

III.

FRANÇOIS Iᵉʳ DE MASSILIAN, docteur ès-droits, seigneur de Massureau, fils de Paul-Antoine de Massilian et de Dauphine de Guichard, épousa, par acte reçu Mᵉ Toudon, notaire, le 21 octobre 1607, Claudine de Métereau, fille de Pierre de Métereau et de Magdeleine Henard.

Il mourut le 21 septembre 1615.

Ses enfants furent :

1. FRANÇOIS, qui suit ;
2. ANNE, mariée à Pierre de Sales, conseiller auditeur des comptes ;
3. ISABEAU, mariée à Louis de Vigne, conseiller auditeur des comptes ;
4. MARIE, morte sans alliance.

IV.

FRANÇOIS II DE MASSILIAN, docteur ès-droits, fils de François et de Claudine de Métereau, épousa en premières noces, par contrat du 3 novembre 1654, Tiphanie de Salgues, fille de Guilhaume de Salgues et de Tiphanie de Nissoles, dont il n'eut pas d'enfant.

En secondes noces, par acte reçu Mᵉ Monal, le 3 mai 1663, Catherine de Pélissier de Boirargues, fille d'Etienne de Pélissier, seigneur de Boirargues, et d'Isabeau de Talamandrier. La maison de Pélissier de Boirargues a donné deux évêques à l'église de Maguelonne. Guilhaume I qui fut élu en 1498,

Guilhaume II, son neveu, qui lui succéda et procura en 1536 la translation du siége épiscopal dans la ville de Montpellier (1).

François de Massilian fut nommé marguiller de l'église de N.-D. des Tables à Montpellier, le 20 avril 1664 (c); il fit son testament le 3 août 1687.

Ses enfants furent :

1. ETIENNE, qui suit;

2. JEAN-JOSEPH, nommé par le roi à l'abbaye de St-Pierre-de-Joussels, diocèse de Béziers, le 25 juillet 1710, fameux missionnaire dans les Cevennes, où il fut souvent utile à rétablir la paix dans le pays pendant les troubles des Camisards, dont il avait acquis la confiance par son zèle, sa douceur et son humanité (2);

3. MARIANNE, religieuse au monastère de Sainte-Ursule.

V.

ETIENNE DE MASSILIAN, chevalier, seigneur de Massureau (3), conseiller du roi, trésorier de France en la généralité de Montpellier, intendant des gabelles du Languedoc, par provision du 18 janvier 1691 (4).

Il épousa, par contrat du 7 octobre 1697, Louise de Plomet, fille de Gilbert de Plomet, conseiller à la Cour des comptes, aides et finances de Montpellier, et de Françoise de Courdurier, sœur de Jean de

---

(1) *Histoire de l'Eglise de Montpellier*, par d'Aigrefeuille, in-folio, tom. 2, p. 149 et 150.

(C) Voir pièces justificatives à la lettre C.

(2) *Histoire des Fanatiques*, par le P. Lourrel'œil, in-12.

(3) Le domaine de Massureau est situé dans le canton de Sommières (Gard).

(4) Voir d'Aigrefeuille, *Histoire de la ville de Montpellier*, tom. 1, p. 625.

Courdurier, avocat général en la chambre des comptes de Montpellier, qui épousa en premières noces X. de Fleury, sœur du cardinal, premier ministre.

Il fut maintenu dans son ancienne noblesse par jugement de M. de Bernage, commissaire du roi pour la recherche des faux nobles, du 25 juin 1718 (A). Il fit son testament le 22 octobre 1728 et mourut le 16 septembre 1729.

Ses enfants furent :

1. GILBERT DE MASSILIAN, juge mage en 1730 (1), président au présidial de Montpellier en 1733 (2), maire de la même ville de 1743 à 1753 (3) (c), né le 14 février 1700, mort sans postérité le 28 juin 1758 (D). Il avait épousé, par contrat du 3 mars 1724, Louise-Charlotte de Montcalm, fille de Louis-Daniel de Montcalm, marquis de St-Véran, et de Louise-Thérèse de Laurès de Castellane, et sœur de Louis-Joseph, marquis de Montcalm, lieutenant-général des armées du roi, commandant les troupes de Sa Majesté au Canada. Blessé à mort le 13 septembre 1759 à l'attaque des retranchements de Québec, il mourut le lendemain de ses blessures;

2. JEAN, qui suit;

3. LOUISE, mariée par contrat du 15 novembre 1732, à Jean-Baptiste d'Icart des Vannes, fille de Laurent d'Icart et de Marie de Cartier.

(1) Voir d'Aigrefeuille, *Histoire de la ville de Montpellier*, tom. I, p. 630.

(2) *Idem.*, tom. I, p. 631.

(3) *Idem.* Délibérations du Conseil de la ville de Montpellier en 1743.

(A, C et D) Voir pièces justificatives aux lettres A, C et D.

VI.

Jean de MASSILIAN, seigneur de Sanilhac (1) et de Massureau, second fils d'Etienne, né le 13 janvier 1710, chevalier, président trésorier de France au bureau des finances de la généralité de Montpellier en 1750 (2).

Il épousa, par contrat du 13 juillet 1746, Françoise de Vidal, et fit son testament le 1er mai 1790, reçu Me Granier, notaire à Montpellier.

Après sa mort la terre de Sanilhac a passé à Gilbert, et celle de Massureau à Etienne, ses deux fils.

1. Gilbert-Jean, seigneur de Sanilhac, né le 16 mai 1747, 1er consul, maire de Montpellier de 1788 à 1790, en remplacement du chevalier Deydé (3). Il prit part en cette qualité à l'assemblée des notables en juin 1789 (4).

   Il épousa, par contrat reçu Me Granier, notaire à Montpellier, le 27 avril 1783, Marie de Gros, fille de messire Jean-François de Gros,

(1) Le château de Sanilhac est situé au milieu du village de ce nom, dans le canton d'Uzès. La grosse tour carrée qui le décore appartient au moins à l'époque romane primitive. Démoli au commencement des guerres religieuses, ce château fut rebâti vers la fin du xvie siècle. Les rebelles protestants s'y étaient fortifiés en 1629. Le duc de Montmorency les y assiégea, mais il se retira bientôt moyennant une rançon de 3500 francs.

Jean de Massilian, chevalier, président trésorier de France au bureau des finances de la généralité de Montpellier, acquit ce château avec la seigneurie, le 1er août 1749, du duc de Melfort, fils du prince de Melfort, réfugié anglais, et de Mlle de Lussan.

(2) Voir d'Aigrefeuille. *Histoire de Montpellier*, tom. I, p. 625.

(3) Voir délibérations du Conseil de ville de Montpellier, 1787. 1790, p. 68.

(4) Voir délibérations du Conseil de ville, 1787, 1790, p. 938.

seigneur de Besplas, président en la Cour des comptes, aides et finances de Montpellier, et de dame Françoise de Beausset de Roquefort, sœur de Mgr l'évêque d'Alais.

De ce mariage naquirent :

1. Léon, né le 4 août 1784, mort en bas âge;

2. Eugénie, née le 22 février 1786 à Montpellier, décédée le 2 mars 1868. Elle avait épousé noble Joseph de Lameunière de Lamonie de Liméry, propriétaire à Sommières (Gard), décédé à Lyon le 12 février 1859;

3. Rodolphe, né à Montpellier le 11 janvier 1788, décédé sans postérité le 23 juillet 1834, à Auteuil, près Paris, laissant pour unique héritière, sa sœur, Mme de Lamonie.

Il est qualifié dans les actes publics de marquis de Massilian-Sanilhac. Il devint colonel de cavalerie, chevalier de St-Louis et officier de la Légion d'honneur. Il avait épousé Aimée-Blanche de Chavillé d'Ecquevilly, fille du marquis d'Ecquevilly.

2. Etienne-Antoine, qui suit, fils de Jean de Massilian;

3. Marie-Louise-Magdeleine, née le 18 février 1754, décédée à Montpellier le 23 février 1841. Elle avait épousé, le 10 septembre 1778, par contrat reçu Me Bernier, notaire à Montpellier, noble Charlemagne-Victorin Desmarets de Montdevergues, ancien mousquetaire de la garde du roi, capitaine de cavalerie, demeurant à Avignon, décédé en 1795 à l'Isle-St-Domingue. De ce mariage naquit Adèle Sophie, née à Avignon le 10 avril 1789, décédée le 14 février 1796.

VII.

Etienne-Antoine, chevalier DE MASSILIAN-MASSUREAU, né le 15 septembre 1748, décédé à Montpellier le 12 novembre 1827, capitaine des vaisseaux du roi et chevalier de l'ordre royal et militaire de St-Louis, en récompense de quatorze campagnes, de ses blessures et de sa bonne conduite au combat de la Grenade, sur le vaisseau *le Fantasque*, commandé par le bailli de Suffren. Il assista, avec son frère aîné, Gilbert de Massilian, en qualité de nobles, à l'assemblée de la Sénéchaussée de Montpellier, convoquée par lettres du roi en date du 24 janvier 1789 (E).

Il épousa, par contrat du 24 février 1795, Marie-Jeanne-Suzanne Castan, fille de Guilhaume-André-Joseph Castan, avant la révolution, chevalier, président trésorier de France au bureau des finances de la généralité de Montpellier, seigneur de Combes, et de dame Marie-Jeanne Bardon.

Ses enfants furent :

1. Gilbert-Jean-Marie, né à Montpellier le 22 mai 1796, décédé le 25 décembre 1854, chevalier de la Légion d'honneur, conseiller à la Cour royale de Montpellier (F). Il avait épousé, le 6 juin 1833, Magdeleine Coulet, née à Montpellier le 10 avril 1803, et décédée dans la même ville le 12 décembre 1840, fille de Pierre Coulet, chevalier de l'Ordre royal et militaire de St-Louis, consul de S. M. le roi du Danemark, et d'Antoinette Duguies.

De ce mariage naquirent:

1° Pierre-Marie-Etienne-Gilbert, né le
22 mars 1834, décédé le 22 mars 1835 ;

2° Marie-Joséphine-Louise, née le 13 mai
1838 et décédée le 8 avril 1842;

3° Etienne-Marie-André, né le 22 septembre 1840, décédé le 26 septembre de
la même année.

2. Amédée-Marie-Joseph-Paulin, né à Montpellier
le 16 avril 1798, ordonné prêtre par Mgr de
Chaffoy, évêque de Nimes, le 6 avril 1822, chanoine
honoraire, aumônier des dames de la Miséricorde.

C'est le seul survivant des fils d'Etienne de
Massilian ;

3. Pascal-Marie-Eugène, né le 22 germinal an VIII
(12 avril 1800), mort huit jours après;

4. Eugène-Marie-Michel, né à Montpellier le 29
septembre 1801, décédé le 20 août 1854, avait
épousé, le 6 février 1838, Mlle Jeanne-Elisabeth
Bédaride, de Lansargues (Hérault), actuellement
vivante;

5. Jean-Marie-Louis de Gonsague, qui suit.

VIII.

Jean-Marie-Louis de Gonsague de MASSILIAN,
né à Montpellier le 13 décembre 1805, décédé dans
la même ville le 27 mai 1867, a épousé, le 13 mai 1839,
Mlle Marie-Victorine-Constance Duffours, née à Montpellier le 15 janvier 1818, fille d'Auguste Duffours,
président du tribunal civil de Montpellier, chevalier
de la Légion d'honneur, et de Jeanne-Marie-Félicie-
Clémentine Méjan.

De ce mariage sont nés :

1. LOUISE-MARIE-AIMÉE, née à Montpellier le 17 juillet 1840, sœur de St-Vincent-de-Paul, décédée le 21 septembre 1870, des fatigues qu'elle eut a endurer en soignant les malades ;

2. ISABELLE-MARIE-STÉPHANIE, née à Montpellier le 2 mai 1842, mariée, le 4 mai 1863, à Raymond Labranche, de Lodève. De ce mariage est née, le 18 février 1870, une fille, Eulalie ;

3. THÉRÈSE-GABRIELLE-JEANNE-MARIE, née à Montpellier le 5 mai 1844, mariée, le 24 août 1875, à Lionel d'Albiousse, juge au tribunal civil d'Uzès et frère du Lt-Colonel des volontaires de l'Ouest (Zouaves pontificaux). De ce mariage est née, le 5 août 1876, une fille, Amélie :

4. GILBERT, qui suit ;

5. AUGUSTE, qui suit ;

6. GABRIELLE-JEANNE-MARIE, née le 30 août 1851 ;

7. EUGÈNE, mort en bas âge ;

8. MARIE-JEANNE-AMÉLIE, née le 28 janvier 1856 ;

9. BERTHE-SUZANNE-MARIE, née le 28 octobre 1858.

IX.

Branche aînée.

GILBERT-JEAN-MARIE-AUGUSTE DE MASSILIAN, né le 25 mars 1846, avocat près la Cour d'appel de Montpellier, marié, le 19 avril 1870, à Mlle Césarine Poujol.

De ce mariage sont nés :

1. JEANNE, née le 15 juin 1871, décédée le 21 juin de la même année ;

2. MARIE-MAGDELEINE, née à Montpellier le 19 novembre 1872.

IX (BIS).

Branche cadette.

AUGUSTE-MARIE DE MASSILIAN, né le 3o mars 1848, sous-lieutenant auxiliaire au 122ᵉ de ligne, marié, le 15 mai 1872, à Mˡˡᵉ Valentine Bort. *[manuscrit : + s ans postérité]*

[manuscrit : Famille éteinte]

PIÈCES JUSTIFICATIVES

PIÈCES JUSTIFICATIVES

~~~~~~~~~~~~~

(A)

Jugement de maintenue de noblesse en faveur de noble Etienne de MASSILIAN, en date du 25 juin 1718.

Louis DE BERNAGE, chevalier, seigneur de St-Maurice, Veaux, Chaumont et autres lieux, conseiller d'Etat, intendant de la province de Languedoc,

Entre, Mᵉ FRANÇOIS FERRAND, chargé de la continuation de la recherche des usurpateurs du titre et qualification de noble, demandeur en exécution des déclarations du roy des années 1696, 1702 et 16 janvier 1714, d'une part,

Et noble ESTIENNE DE MASSILIAN, trésorier de France au bureau des finances de la generallité de Montpellier, deffendeur d'autre,

Veu les déclarations du roy des années 1696, 1702 et 16 janvier 1714, rendus pour la recherche et continuation de la recherche des usurpateurs du titre et qualiffication de noble.

L'exploit d'assignation donnée le 15 décembre 1715, à la requeste dudit Ferrand audit Estienne de Massilian, a comparoir dans le mois, par-devant M. de Lamoignon de Basuille, cy devant intendant de cette pro-

vince, pour y representer les titres en vertu desquels il
a pris la qualité de noble, sinon et à faute de ce faire
dans led. temps qu'il sera déclaré usurpateur dud. titre;
et comme tel condemné en l'amende de 2000 liv. deux sols
pour livres et aux depans.

Inventaire des titres produits devant M. de Basuille,
parmy lesquels estoit une expedition du testament de
noble Antoine Massilian, du premier novembre 1555,
receu par un notaire d'Avignon, dont la minutte devoit
estre rapportée, verbal de la chambre apostolique d'Avignon, delivré par l'auditeur general d'icelle le 25 aoust
1716, contenant le refus du notaire d'Avignon de porter
ladite minutte à cause du reglement de ses supérieurs
qui le deffendent.

Requeste presentée par ledit sieur de Massilian à M. de
Basuille à ce qu'attendu ledit refus il luy pleut ajouter
foy à l'extrait comme à l'original, avec son ordonnance au
bas de ladite requeste du 19e septembre 1716, par laquelle
attendu l'impossibilité de raporter le titre primordial en
minutte, il renvoye les parties au conseil pour leur estre
pourveu ainsy qu'il appartiendra.

Le jugement rendu en conséquence le 18e novembre
1717, par messieurs les commissaires généraux sur le veu
de toutes les pièces et nottamment du procès-verbal delivré
par l'auditeur general d'Avignon, portant renvoy à M. de
Basuille pour juger la noblesse dudit sieur de Massilian
sur les titres qui se trouveront produits au procès.

Requeste à nous présentée par ledit sieur de Massilian
à ce qu'il nous plaise procéder en execution dudit jugement
avec notre ordonnance de communiqué au Procureur
du roy, de la recherche du 8e juin 1818.

Les titres rapportés par ledit sieur de Massilian, qui sont,
sçavoir : une expedition du contract de vente, en latin,

d'une terre, passé par-devant notaire à Avignou, en faveur
de noble Antoine de Massilian, demurant à Avignon,
expedié par un autre notaire que le recevant et legalisé
par le juge d'Avignon.

Le testament en latin du 19 novembre 1555, d'Antoine
de Massilian, de la ville d'Avignon, dans lequel il prend
la qualité de noble, institue ses héritiers, dame Jaquinette
Polini, son espouse, et Jean de Massilian, son fils aîné,
et fait ses legs particuliers à Paul-Antoine de Massilian,
bisayeul dudit sieur Estienne de Massilian, et à Joseph-
François-Jullien et Perrete de Massilian ses autres enfants, ledit testament receu par Barrery, notaire, et expédié
par Aubert, notaire, et légalisé par les juges ordinaires
d'Avignon.

Expedition en papier du contract de mariage de MM. Paul-
Antoine de Massilian, conseiller du roy au siege presidial de Montpellier, avec demoiselle Dauphine de Guichard, en date du 15 décembre 1578, receu et expedié par
Chargier, notaire, de Montpellier.

Grosse en parchemin du testament dudit M. Mᵗˢ Paul-
Antoine de Massilian, conseiller au prêal de Montpellier,
en datte du 14 janvier 1597, dans lequel il rappelle demoiselle Dauphine de Guichard, son espouse, et nomme
pour son héritier universel et general François de Massilian, son fils, en suitte duquel testament sont deux
codicils; le premier du 14 may audit an 1597, par lequel
ledit Paul-Antoine de Massilian revoque la substitution
aposée au susdit testament faite en faveur des masles
de François de Massilian, son frère, et par le second du
23 dudit mois et an il revoque la nomination qu'il
avoit faite des personnes de Jullien et François de
Massilian ses frères, pour tuteurs de ses enfans, et
nomme Joseph de Massilian son autre frère, lesdits

testament et codicils receus et expediés par Desson, notaire de Montpellier.

Contract de mariage du 21 novembre 1607, passé entre M. Mis François de Massilian, docteur et avocat au siege presidial et gouvernement de Montpellier, fils de M. Me Paul-Antoine de Massilian, vivant conseiller et magistrat au siege présidial et gouvernement de Montpellier, et de demoiselle Dauphine de Guichard, d'une part, et demoiselle Claudine de Metereau, d'autre, receu par M^{ie} Toudon, notaire, et expédié par Vernet, notaire de Montpellier.

Expedition de contract de mariage passé le 3 mai 1663, entre M. Mis François de Massilian, docteur et avocat dudit Montpellier, fils legitime de feu M. Me François de Massilian, vivant aussy docteur et avocat, et de demoiselle Claudine de Metereau, d'une part, et de demoiselle Catherine de Pelissier, d'autre, receu par Monal, notaire, et expedié par Durranc, notaire et garde notte.

Testament du 3e aoust 1687 de M. Mis François de Massilian, docteur et avocat à Montpellier, par lequel il institue pour son heritier universel Estienne de Massilian, son fils aîné, receu et expedié par Durranc, notaire de Montpellier.

Contract de mariage passé le septieme octobre 1697, entre Mre Estienne de Massilian, chevalier, conseiller du roy, president grand voyer, tresorier general de France en la generallité de Montpellier, intendant des gabelles de Languedoc, fils legitime et naturel de feu M. Me François de Massilian, docteur et avocat, et de dame Catherine de Pelissier, d'une part, et demoiselle Louise de Plomet, d'autre, receu et expedié par Bellonnet, notaire de Montpellier, deux certifficats un ensuite de l'autre, des 17 et 19 novembre 1714, donnés par le vice-legat d'Avignon et par les consuls de ladite ville qui attestent l'ancienne noblesse de la famille des Massilian qui a passé par les charges et employs qui ne peuvent estre remplis que par des gentilshommes qualifiés.

Extrait de l'histoire genealogique de la maison de Bermond, par le sieur Lelaboureur, par lequel il paroit que Pierre de Bermond espousa en 1565 Pierrete de Massilian, fille de noble Antoine de Massilian et de dame Jacquinette Polini.

Les conclusions du sieur Lecourt, procureur du roy de la commission tout considéré.

Nous avons declaré ledit sieur Estienne de Massilian, trésorier de France en la generalité de Montpellier, noble et issu de noble race et lignée, ordonnons que tant luy que sa postérité, nays et à naytre de legitime mariage, jouiront des privileges de noblesse tant et sy longtemps qu'ils vivront noblement et ne feront acte de derrogence à noblesse, à l'effet de quoy il sera inscript par nom et et surnom, armes et lieu de sa demure, dans le cathalogue des veritables nobles de la province de Languedoc.

Fait à Montpellier, le vingt-cinquième juin mil sept cent dix-huit.

De Bernage.

Et plus bas par Monseigneur, Jourdan, *signé*.

Collationné par nous conseiller secrétaire du roy, maison couronne de France, audiencier en la Chancellerie de Montpellier. Viel.

Nous Jacob de Bornier, seigneur de Caveine, conseiller du roy, président juge mage, lieutenant-général, né en la senechaussée et cour presidiale, certifions et attestons à tous qu'il appartiendra que le sieur Viel, qui a signé le collationné cy dessus est mort secrétaire du roy, aux actes et seings duquel foy est ajoutée tant en jugement que dehors.

4

En foy de quoy nous avons signé le présent certificat, contresigné par notre secrétaire et scellé du sceau de nos armes.

Donné à Montpellier, ce 3 may 1729.

BORNIER, juge mage.

Par Monsieur,

SICARD, secrétaire.

(B)

Teneur des provisions de M. de MASSILIAN, Maire de Montpellier (novembre 1733).

Louis, par la grâce de Dieu, roy de France et de Navarre, à tous ceux qui ces présentes veront, salut. Nous avons, par édit du mois de novembre 1733, pour les causes de M. de Massilian, maire, et motif y portés, créé et retably différents offices, entre autres ceux de nos conseillers, maires, anciens mitriennaux et alternatifs mitriennaux des villes et communautés de notre royaume, et voulant pourvoir auxdits offices des sujets capables de les remplir avec le zèle, l'exactitude et la probité que demandent les devoirs et les fonctions qui sont attachés, sçavoir faisons que pour la pleine et entière confiance que nous avons en la personne de notre cher et bien-aimé le sieur Gilbert de Massilian, notre conseiller, lieutenant général en la sénéchaussée de Montpellier, président du présidial dudit lieu et en ses sens, suffisance, loyauté, prudhomie, capacité, expérience, fidélité et affection à notre service, pour ces causes et autres considérations nous lui avons donné et octroyé, donnons et octroyons par ces présentes l'office de notre conseiller-maire, ancien mitriennal de la ville et communauté de Montpellier, créé et retably par ledit édit du mois de novembre 1733, auquel office n'a point encore été pourvu, et dont la finance a été payée en nos revenus casuels par notre cher et très aimé cousin Louis-François-Armand Duplessis, duc de Richelieu et de Fronsac, pair de France, chevalier de nos ordres et commandant en chef dans notre province de Languedoc, lequel, en exécution dudit édit et de l'arrest de notre conseil, du 6 juillet 1734, nous a, par acte du 19 octobre dernier, nommé et présenté ledit sieur de Massilian pour ledit office tenir et exercer, en jouir et user par ledit sieur de Massilian, sans incompatibilité d'autres offices, aux mêmes fonctions, honneurs, rangs, scéances, prérogatives, exemptions, droits, priviléges, fruits, profits, revenus et émoluments dont avaint droit de jouir les précéders titulaires avant la supression ordonnée par édit du mois de juin 1717 de la même manière et ainsy qu'il est plus amplement porté aux édits des premières créations desdits offices et nommement de l'exemption du droit de franc-fief, sans que pour raison de l'acquisition dudit office il puisse être augmenté à la capitation, le tout conformément à notre dit édit du mois de novembre 1733 et aux arrests de notre conseil, du 29 décembre suivant, 6 juillet et 24 août 1734, dont coppies collationnées sont cy, avec la quittance de finance dudit office, ledit acte de nomination et autres pièces attachées sous le contre scel de notre chancellerie, sans que ledit sieur de Massilian soit tenu de se faire recevoir auxdits offices n'y de pretter pour raison de ce un nouveau serment dont nous l'avons dispensé par notre dit édit, attendu celuy par luy pretté lors de sa reception auxdits offices de

lieutenant général en la sénéchaussée de Montpellier et
de président au présidial dudit lieu, dont il est actuele-
ment pourvu, avec faculté audit sieur duc de Richelieu
de recevoir par ses mains et sur ses simples quittances
les gages attribués audit office, montant à deux mil sept
cent livres par an, dont sera fait fonds annuellement sur
les deniers communs et d'octroys de la ville et communauté de Montpellier, et aux deffaut de fonds suffisans
desdits revenus sur les états de nos finances de la généralité de Montpellier, etc. Donnons en mandement à nos
amez et feaux conseillers, les gens tenant notre cour de
parlement de Toulouse, que ces présentes lettres de
provisions ils ayent à faire registre et à mettre et ins-
tituer de par nous ledit sieur de Massilian en possession
dudit office, s'en fassent jouir et user pleinement ensemble des honneurs, pouvoirs, libertés, fonctions, autorités,
priviléges, droits, exemptions, immunitez, prérogatives,
preeminences, rangs, scéances, fruits, profits, revenus et
emoluments dudit et y apartenant et luy fassent obéir
et entendre de tous ceux et ainsy qu'il apartiendra et
choses concernant ledit office, mandons en outre à nos
amez et feaux conseillers, les présidents trésoriers de
France et généraux de nos finances à Montpellier, que
par les trésoriers, receveurs, payeurs et autres comptables
qu'il apartiendra ils fassent payer et délivrer comptant
audit sieur duc de Richelieu, par chacun an aux termes
et en la manière accoutumée les gages apartenant audit
office, à commencer du jour et date de l'enregistrement
des présentes duquel rapportant coppies collationnées
ainsi que desdites présentes pour une fois seulement avec
les quittances dudit sieur duc de Richelieu, sur ce suffi-
santes nous voulons lesdits gages être passez et alloués
en la dépense des comptes desdits trésoriers, receveurs,

payeurs et autres comptables qui en auront fait le paye-
ment par nos amez et feaux conseillers les gens de nos
comptes et finances à Montpellier, auxquels mandons ainsi
le faire sans difficulté, car tel est notre plaisir, en témoin
de quoy nous avons fait mettre notre scel à ces présentes.

Donné à Paris, le vingt-six jour d'octobre l'an de grâce
mil sept cent quarante-deux, et de notre règne le vingt-
huitième.

Par le Roy, BONNEAU.

~~~~~~

Extrait des registres du Parlement de Toulouse.

Vu les provisions accordées par le roy à M. Gilbert
de Massilian, juge mage, lieutenant général en la sénéchaussée et président présidial de Montpellier, donnés à
Paris le 26 octobre dernier, signées au reply par le roy
et données et scellées du grand sceau de cire jaune, par
lesquelles Sa Majesté luy donne et octroye l'office de
son conseiller, maire, ancien triennal de la ville et communauté de Montpellier, créé et retably par édit du mois
de novembre 1733, auquel office il n'a point encore été
pourveu, pour ledit office avoir tenir et exercer, en jouir
et uzer par ledit sieur de Massilian, sans incompatibilité
d'autres offices, veu aussy l'exoine rapportée par le sieur
de Massilian, l'arrest de réception du sieur de Massilian
en l'office de juge mage et lieutenant général en la sénéchaussée de Montpellier, du 6 décembre 1730, et la requête
de soit montrée au procureur général du roy aux fins du
registre desdites provisions, ensemble le dire et conclusions du procureur général du roy mises au dos de ladite
requête, la Cour recevant l'exoine rapportée par ledit

Gilbert de Massilian, a ordonné et ordonne que lesdites provisions seront enregistrées en ses registres pour par ledit de Massilian jouir de l'effet et conteneu en y celles, suivant leur forme et teneur, et que par Fermaud, lieutenant principal au sénéchal de Montpellier, que la Cour a commis et commet, il sera procédé à l'installation dudit de Massilian audit office.

Prononcé à Toulouse, en Parlement, le premier décembre mil sept cent quarante-deux.

Collationné, LAGARDE, conseiller courdurier.

Installation de M. de MASSILIAN à l'office de Maire de Montpellier.

Le 12 décembre 1742, veille de l'installation de M. de Massilian, président et juge mage en sa charge de maire perpétuel, MM. Fouilhon et Bastide, troisième et quatrième consuls, députés par MM. les Consuls, feurent en chaperon, suivis de deux vallets de ville, rendre visite à M. Fermaud, lieutenant principal, commissaire nommé par le Parlement de Toulouse pour installer ledit sieur juge mage audit office de maire perpétuel, et ledit sieur Fermaud ayant reçu leur visite, les a accompagnés jusques à la porte de la rue.

Ledit jour, les bannières ont été arborées et les armoiries ont été posées au-devant de la porte de l'Hôtel-de-Ville, conformément au jour de l'installation de MM. les Consuls; de même il a été posé un cordon à la porte du degré de la salle avec l'armoirie de M. de Massilian, maire. (Memoriaux consulaires de Montpellier, tome VII, page 165).

(C)

Procès-verbal de la nomination de M. de
MASSILIAN aux fonctions de marguiller à
l'église de N.-D.-des-Tables, à Montpellier, en
date du 20 avril 1664.

Du dimanche vingtiesme jour du moys d'avril mil six
cent soixante-quatre, dans la sacristie de l'esglise paroissiale de Montpellier, sur l'heure de dix du matin, après
la grand'messe de paroisse célébrée ledit jour dans ladite
esglise.

Assemblés nobles Charles de Pelissier de Boirargues,
premier consul et viguier de Montpellier, MM. X..., 2e, 3e,
4e, 5e et 6e consuls, et MM. X..., paroissiens et margueillers de ladite esglise.

Lesdits sieurs margueillers ont dit qu'en l'année mil
six cent soixante-deux ayant esté nommés margueillers
de la présente esglise Nostre-Dame-des-Tables, seule paroisse de Montpellier, quelques-uns désirent estre déchargés et qu'il en soit nommé d'autres en leurs places
auquel effet ce présent jour et heure ont esté indiqués
pour estre procédé par lesdits sieurs consuls à nombre
de paroissiens conjointement avec les sieurs margueillers
à l'élection et nomination de leurs successeurs en ladite
charge.

Et quoique cette action soit purement laïque, néanmoins
on a creu que ce faisant dans la présente esglise il estait
de la décence d'y appeler M. le Curé qui sert dans y
celle sans y avoir pourtant voix délibérative, ny que cela
puisse en rien préjudicier au droit desdits sieurs consuls

et paroissiens, ceux-ci ont fait dire au révérend père Barthélemy, prestre de l'Oratoire de Jésus, curé en chef de ladite esglise, s'il voulait se joindre à la présente assemblée sous les protestations susdites, lesquelles en tant que de besoin ils ont présantement réitérés eux-même avant de rien faire, audit père Barthélemy dans ladite sacristie, lequel a dit qu'ayant fait sçavoir à M. Rossel, l'un des chanoines et simdicq du vénérable chappitre St-Pierre de ceste ville, qu'on allait faire l'élection des nouveaux margueillers afin qu'il en donnat advis aux autres messieurs du chapitre et que quelques-uns d'entr'eux lui ayant dit qu'aucun du chapitre ne voullait se trouver à ladite nomination, il croit par cette raison qu'il ne doit pas aussy y assister, et il est sorti de la sacristie.

A cause de quoy M. P. Carcenac, Lescure, et Villa, prestres, vicaires dans ladite esglise, trouvés dans ladite sacristie, auraient été requis l'un après l'autre d'assister à ladite nomination au reffus du père Barthélemy et sous ladite protestation, ce qu'ils n'ont rien voulu faire et se sont retirés.

Et d'autant que ce n'estait que par pure bienséance que ledit sieur curé et ses vicaires ont esté priés de se trouver en la présente assemblée, et qu'elle est bien informée que par le droit de ce royaume, la création et élection des margueillers appartient aux seuls paroissiens, laics et séculliers et non aux éclésiastiques qui en ont été escleus par les arrêts de préjugés des parlements donnés en grand nombre, il a été résolu et arresté d'un commun consentement y seroit tout incontinant procédé à la nomination desdits margueillers et ils ont unanimement nommé MM. de Massilian et X... pour faire et exercer ladite charge de margueillers de ladite esglise Notre-Dame-des-Tables et autres à elle venues à cause de leurs démoli-

tions aux droits, honneurs et advantages et prérogatives
apartenant à ladite charge jusques à nouvelle nomination,
ce que MM. de Massilian, etc., ont en même temps ac-
cepté et promis de bien et duement s'en acquitter sous le
serment qu'ils ont prêté ensuite par-devant ledit sieur
Pelissier de Boirargues, 1er consul et viguier de la ville
de Montpellier, et ont signé à l'original.

Extrait des minutes de Barres, notaire royal de la ville
de Montpellier.

(D)

Viatique porté à M. de MASSILIAN, Maire de Montpellier, le 4 mai 1753.

Le 4 may 1753, M. Picard, curé de la paroisse Notre-
Dame, a porté le viatique à M. de Massilian, président
présidial et maire de Montpellier. Messieurs les officiers
du présidial, à la tête desquels était M. Jousserand, juge
mage, ont porté le daix de la ville, et MM. les consuls
et greffier y ont assisté portant chacun un flambeau.
(Mémoriaux consulaires, tome VIII, p. 50-51.)

(*Archives de la ville de Montpellier*).

(E)

Certificat de noblesse en faveur de M. de MASSILIAN, seigneur de Sanilhac, et du chevalier de MASSILIAN, son frère.

Nous, Jean-François Delpech, marquis de Comeiras, lieutenant-général des armées du roi; Charles-Joseph, comte de Cadolle, chevalier, marquis de Durfort, coseigneur en parcage avec le roi de la ville de Lunel; Aphrodise-Honoré de Girard, chevalier de l'ordre royal et militaire de St-Louis, et Jean-Jacques-Régis de Cambacérés, conseiller en la cour des comptes, aides et finances de Montpellier, commissaires nommés par la noblesse de la sénéchaussée de Montpellier à l'effet de vériffier les titres de ceux qui se présenteront pour assister en qualité de nobles à l'Assemblée de la sénéchaussée de Montpellier convoquée en exécution des lettres de sa Majesté, du 24 janvier 1789, et de l'ordonnance de M. le Sénéchal en date du 28 février 1789.

Certifions et attestons que M. de Massilian, seigneur de Sanilhac, et M. le chevalier de Massilian, son frère, major de vaisseau, se sont présentés et ont justifié de leur qualité devant nous par différents actes et notamment par un jugement rendu le 25 juin 1718, en faveur d'Etienne de Massilian, leur ayeul, lesquels actes établissent que lesdits sieurs de Massilian ont la noblesse acquise et transmissible, et qu'ils ont rempli la disposition de l'article 16 du règlement de Sa Majesté.

Nous certifions et attestons encore que M. le chevalier de Massilian a pris scéance dans l'ordre de la noblesse,

M. de Massilian aîné ayant été député au Tiers-Etat en sa qualité de premier Consul, Maire de Montpellier, place qui ne peut être acquise que par un gentilhomme, conformément à l'arrêt du Conseil du 22 mars 1700.

Et ont signé : Marquis de COMEIRAS, Comte de CADOLLE, Chevalier de GIRARD, de CAMBACÉRÈS.

A Montpellier, ce 19 mars 1789.

(F)

Discours à l'occasion de la mort de Gilbert de MASSILIAN, Conseiller à la Cour impériale de Montpellier.

La Cour impériale de Montpellier vient de nouveau d'être inopinément frappée dans un de ses membres les plus distingués : M. le conseiller de Massilian est mort avant-hier après une courte maladie à l'âge de cinquante-huit ans. Cette perte imprévue a causé une douloureuse impression dans notre ville où le mérite et les qualités de cet honorable magistrat étaient justement appréciés. M. de Massilian faisait également partie du Conseil municipal de Montpellier.

Un des amis du regretté défunt, M. le baron de Boussairolles, nous fait l'honneur de nous adresser la lettre suivante qui rend hommage à la mémoire de l'homme de bien que Montpellier vient de perdre.

F. DANJOU,
Rédacteur du *Messager du Midi*.

Montpellier, le 25 décembre 1854.

Monsieur,

Une maladie terrible par sa rapidité vient d'enlever, jeune encore, à la ville de Montpellier un de ses plus honorables citoyens, et à de nombreux amis le digne objet d'une affection bien méritée.

Permettez à celui qui depuis tant d'années a pu connaître et apprécier son cœur et tout ce qu'il était, au compagnon de son enfance, de jeter une fleur sur cette tombe encore ouverte et de dire tout haut combien sont profonds les regrets qui l'accompagnent, combien de familles l'honoreront de leurs larmes.

Fils d'un noble et digne père qui fut appelé toujours à marcher dans le sentier de l'honneur et du devoir, il a suivi fidèlement ses leçons et ses exemples. Fils d'une mère vénérée, mère des pauvres, aussi simple et modeste que pleine de vertus, il suivit également ses traces et comme elle il passa en faisant le bien.

Combien de malheureux aidés et secourus pleureront leur bienfaiteur! Combien d'œuvres charitables reverront avec douleur dans leurs réunions sa place inoccupée couverte d'un voile funèbre!

Dirai-je ce que fut M. de Massilian comme magistrat? Laborieux, esclave de ses devoirs, juste et éclairé, sage, prudent, il laissera une mémoire distinguée au-dessus de tout éloge, et si l'étoile de l'honneur brillait sur sa poitrine, ce ne fut pas une faveur mais une tardive récompense bien due à sa longue application, aux services de tous les siens et demandée pour lui par un chef qui savait apprécier ses droits et sa modestie.

Dans les conseils de la ville, il fut toujours dévoué au bien et à la justice, toujours prêt à servir et à développer les vrais intérêts de ses concitoyens.

Il était le conseil et le guide de beaucoup de familles, leur confident, et nombre d'entre-elles ont dû à sa sagesse des conciliations et des résultats inespérés.

La mort l'a frappé inopinément mais elle ne l'a pas surpris. Catholique sincère et sans respect humain, il pratiquait fidèlement sa religion, et sa vie nous répond du sort qui l'attend dans un monde meilleur. Il sera récompensé de tout le bien qu'il a fait, mais à nous il laissera une douleur profonde.

En particulier, je fus toujours son ami; à moi appartenait, peut-être, plus qu'à tout autre, d'offrir à sa mémoire, à ses frères, si dignes du nom qu'ils portent, à mon affection et à cet hommage trop stérile, hélas! mais du moins qui est bien l'expression de mes sentiments, le cri de mon cœur, car j'ose dire qu'en lui je regrette un frère, tant son amitié m'était précieuse.

Ses nombreux amis, tous ceux qu'il a obligés, diront si j'ai tracé un seul mot de flatterie; je ne crains qu'une chose, c'est d'être accusé de n'avoir qu'effleuré tout ce que j'aurais pu dire. Mais l'éloge de M. de Massilian sera dans tous les cœurs; il sera facile à chacun de suppléer à l'insuffisance de ces quelques lignes, et s'il appartient à ses amis, à ses concitoyens, de lui décerner le tribut d'honneur qu'il a si noblement gagné, à Dieu seul appartient cependant de le récompenser. Pour nous ici demeurent sa vie et ses exemples. Respect et souvenir au digne citoyen, mais surtout gloire au chrétien, et quant à moi impérissable affection au digne et bon ami.

Faites-moi la grâce d'insérer ces quelques lignes dans les colonnes de votre journal; cet hommage public sera peu pour celui dont nous déplorons la perte, mais du moins j'aurai la satisfaction de penser que je ne suis pas resté en arrière de ce que je considère comme un devoir.

Je vous prie d'agréer l'assurance de la considération distinguée avec laquelle j'ai l'honneur d'être, etc.

Baron DE BOUSSAIROLLES.

(*Messager du Midi* des 26 et 27 décembre 1854).

~~~~~~~~

Unissant au prestige d'un beau nom l'éclat du mérite personnel, M. de Massilian est un de ces hommes d'élite dont la magistrature peut s'énorgueillir à bon droit.

Issu d'une famille noble et qui jouit dans le midi de la France d'une grande considération, M. de Massilian entra fort jeune dans la carrière des fonctions judiciaires; ses débuts furent remarqués, et il reçut, des sommités de la Magistrature et du Barreau, des témoignages d'estime et d'affection fort honorables.

Intelligence nette, lucide et ornée de connaissances étendues et variées, M. de Massilian offrait à ses justiciables les garanties les plus sérieuses, en même temps que sa bienveillance et la distinction de ses formes lui conciliaient toutes les sympathies.

Ces qualités solides et brillantes se sont révélées avec un nouvel éclat dans l'exercice des fonctions de conseiller près la Cour impériale de Montpellier. Dans cette Cour si riche en jurisconsultes distingués, M. de Massilian a conquis une influence considérable, et il a souvent dirigé les débats des Chambres civiles et criminelles avec une grande impartialité et une remarquable entente des affaires.

Un décret impérial l'a nommé dernièrement chevalier de la Légion d'honneur.

DE SAINTE-VALLIÈRE, avocat à Montpellier.

Extrait du discours de M. PINET, Substitut du Procureur général,
prononcé devant la Cour impériale de Montpellier, dans son
audience solennelle de rentrée, le 3 novembre 1855, page 26.

Né dans une famille qui avait compté un grand
nombre de ses membres dans les Cours souveraines,
petit-fils et neveu de magistrats de la Cour, à laquelle
il appartenait lui-même depuis près de quarante ans,
M. de Massilian était par excellence le représentant des
anciennes traditions de la compagnie pour laquelle il res-
sentait un attachement presque filial.

Nommé conseiller auditeur en la Cour de céans le
8 décembre 1818, il fut pendant neuf ans attaché cons-
tamment au parquet, et se trouvait ainsi associé à cette
administration à l'époque où elle recevait de nombreuses
et importantes améliorations. Une surveillance plus exacte
sur les parquets du ressort était organisée; les documents
statistiques jusqu'alors très imparfaits, recevaient une
forme et des développements nouveaux.

C'était naturellement aux jeunes magistrats qu'était dé-
volue la tâche, quelquefois difficile, toujours aride et
ingrate, de pénétrer dans ces détails, d'en poser et de
faire adopter des règles nouvelles à des magistrats vieillis
dans d'autres habitudes et qui n'accueillaient souvent
qu'avec une froideur mêlée de défiance ces innovations.

M. de Massilian contribua puissamment au succès à
force d'intelligence et de zèle, et les documents qui exis-
tent encore au parquet disent assez au prix de quel im-
mense travail.

Une ordonnance royale du 28 novembre 1827 le nomma
conseiller titulaire en la Cour. Dans ces fonctions nou-

velles pour lui, il montra bientôt un esprit droit et essentiellement pratique. Il apportait dans les affaires civiles cet impertubable bon sens qui déconcerte les subtilités de l'argumentation; esprit conciliant il aimait ces tempéraments sages qui calment souvent des divergences dont l'importance n'est qu'apparente.

Comme président d'assises, il se fit remarquer par sa netteté et sa méthode dans la direction du débat. Il exerçait sur le jury cet ascendant salutaire qui appartient toujours aux hommes doués d'un grand sens s'inspirant d'une parfaite droiture.

A ces grandes qualités M. de Massilian joignait, avons-nous dit, l'esprit le plus conciliant; membre des Conseils électifs de la cité, il n'a pu rester en dehors des crises politiques; c'est toujours la cause de la modération qu'il a embrassée, c'est au service de cette cause qu'il a toujours mis la légitime influence dont il jouissait.

C'est par cette voie honorable, messieurs, qu'il avait acquis cette véritable et saine popularité qui fit de sa mort un deuil public pour la cité.

Uzès. — Imprimerie H. MALIGE.